마법의 시간여행
지식탐험 ①

사라진 공룡

마조리 어즈번에게

MAGIC TREE HOUSE RESEARCH GUIDE #1

DINOSAURS :

A nonfiction companion to Dinosaurs Before Dark

by Will Osborne and Mary Pope Osborne and illustrated by Sal Murdocca

Text Copyright ⓒ 2000 by Will Osborne and Mary Pope Osborne
Illustrations Copyright ⓒ 2000 by Sal Murdocca

Korean Translation Copyright ⓒ 2004 by BIR

Korean translation edition is published by arrangement with Random House Children's Books,
a division of Random House, Inc. New York, New York, USA through KCC.

이 책의 한국어판 저작권은 KCC를 통해 Random House Children's Books,
a division of Random House, Inc.와 독점 계약한 (주)비룡소에 있습니다.

마법의 시간여행 지식탐험 ①

사라진 공룡

메리 폽 어즈번 · 윌 어즈번 지음
살 머도카 그림/노은정 옮김

비룡소

이 책은 다음과 같은 전문가들이 감수했습니다.

레이먼드 라이(스미스소니언 국립자연사박물관 고생물학 연구관)
멜린다 머피(미국 텍사스 주 휴스턴 시 리드 초등학교 미디어 전문가)

차 례

이 책을 읽는 친구들에게

「마법의 시간여행」시리즈 제1권 『**높이 날아라, 프테라노돈!**』에서 우리는 공룡들이 살았던 아득히 먼 옛날로 여행을 떠났어. 하지만 공룡에 대해 잘 몰라서 위험에 빠졌던 적이 한두 번이 아니었어. 그래서 집으로 돌아온 후에 공룡에 대해 공부하기 시작했어.

우리는 도서관에도 갔고 박물관에도 갔어. 인터넷으로 자료도 찾아보고. 그러니까 일종의 '연구'를 했던 거지.

연구는 공룡의 뼈를 찾기 위해 땅을 파는 것과 같아. 어디를 파야 할지는 알지만 무엇을 발견하게 될지는 전혀 알 수가 없거든. 우리는 연구를 하면서 정말 많은 것을 알게 되었어.

박물관

우리는 공룡 책과 공룡 그림 그리고 공룡 비디오를 보았어. 공룡 전문가 선생님들에게 궁금한 것을 물어 보기도 하고 공룡 뼈를 직접 만져 보기도 했지. 우리는 그렇게 공룡에 대해서 놀라운 사실들을 많이 알게 되었지.

이젠 우리가 알아낸 것들을 너희들과 함께 나누고 싶어. 이 책을 통해서 말이야. 너희들, 수첩과 배낭을 다 챙겼니? 그럼 이 지구에 살았던 가장 놀라운 동물들을 만나러 함께 떠나 볼까!

잭과
애니가

지구의 지배자 공룡

아주아주 먼 옛날의 세계 지도는 지금의 세계 지도 하고 완전히 달랐어요. 지구에는 아시아, 유럽, 아프리카, 북아메리카, 남아메리카, 오스트레일리아, 남극 이렇게 일곱 개의 대륙이 있어요. 하지만 수백만 년 전에는 대륙이 단 하나뿐이었지요.

이 대륙을 '초대륙' 혹은 '판게아' 라고 불러요.

판게아에는 사막같이 메마른 곳도 있었어요. 습지처럼 축축하고 비가 많이 오는 데도 있었고요. 또 숲

대륙은 아주 넓은 면적을 가진 육지야.

과 밀림, 평야와 산, 강과 호수도 있었지요.
그리고 어디를 가든 공룡들이 있었답니다.

공룡들은 1억 6,000만 년 동안 지구에
살았대. 여기 이 그림에 나온 공룡들
모두가 같은 시대에 살았던 것은 아니야.

크고 높다란 건물보다 더 큰 공룡도 살았지만 오리
만큼 자그마한 공룡도 있었어요.

강아지처럼 네 발로 기어 다니는 공룡도 있었고 사람처럼 두 발로 걸어 다닌 공룡도 있었죠.

날카로운 이빨이 여러 개 나 있는 공룡도 있었고 이빨이 하나도 없는 공룡도 있었어요.

하지만 모든 공룡들에게는 서로 공통점이 있었죠.

바로 공룡들은 다 파충류였다는 사실이에요. 공룡은 파충류라서 모두 땅 위에 살았고 알을 낳았으며 대부분 피부가 비늘로 덮여 있었지요. 잔털이나 긴털로 덮인 공룡은 거의 없었어요. 그리고 공룡은 하늘을 날지 못했어요!

파충류는 변온 동물이고 대개 온몸이 비늘로 덮여 있어. 뱀, 거북, 도마뱀 같은 것들이 바로 파충류야.

공룡

▶ 파충류.

▶ 땅 위에 살았다.

▶ 알을 낳았다.

▶ 몸이 비늘로 덮여 있었다.(털은 없었다.)

▶ 하늘을 날지 못했다.

중생대

과학자들은 최초의 공룡이 나타난 것은 2억 2500만 년 전보다도 더 오래전이라고 믿고 있어요. 그리고 공룡이 지구에서 완전히 사라진 것은 6500만 년 전쯤 일 거라고 추측하고 있죠. 그렇다면 공룡은 지구에서 자그마치 1억 6000만 년도 넘게 살았던 것이에요!

공룡이 살았던 이 시기를 '중생대' 라고 불러요. 중생대는 다른 말로 '공룡 시대' 혹은 '파충류 시대' 라고 부르기도 하죠. 중생대는 '트라이아스기', '쥐라기', '백악기' 이렇게 세 시기로 나뉘어요.

중생대의 각 시기마다 다른 공룡들이 살았어요. 오늘날 가장 잘 알려진 공룡들은 쥐라기와 백악기에 살았던 공룡들이에요. 이 공룡들은 인간이 세상에 처음 나타났던 때보다 6,000만 년도 더 오래전에 살았지요.

그런데 이상하죠? 공룡을 실제로 본 사람은 없을 텐데 우리가 공룡에 대해 어떻게 알 수 있는 걸까요?

바로 공룡의 뼈와 이빨 그리고 발자국이 세계 여러 곳에 남아 있기 때문이랍니다.

중생대
(공룡 시대)

스테고사우루스

코엘로피시스

디플로도쿠스

에오랍토르

백악기
1억 4600만 년 전~6,500만 년 전

최초의 인류
20만 년 전

이구아노돈

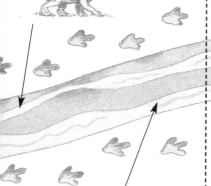

티라노사우루스

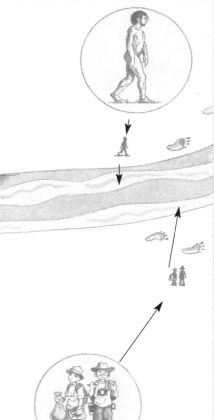

잭과 애니

미국 몬태나 주에서 발견된 티라노사우루스의 화석

화석이 알려 주는 공룡의 비밀

사람들은 공룡의 화석을 통해 많은 사실들을 알아 낼 수 있었어요. 화석은 어떻게 만들어졌을까요?

먼 옛날 시냇물이나 강 근처에서 죽은 공룡들이 있었어요. 그런데 시냇물이나 강이 넘치면서 진흙과 모래가 죽은 공룡의 몸을 덮어 버렸어요. 그리고 수백만 년이 흐르면서 그 진흙과 모래가 단단한 바위로 변했어요. 당연히 공룡의 뼈는 바위 안에 그대로 남아 있을 수밖에 없겠죠.

화석이란 아주 오래전에 살았던 생물의 흔적이야.

그러는 동안 땅속에 있던 물기가 공룡의 뼈에 스며들었어요. 물속에는 여러 가지 광물질이 녹아 있지요. 이 광물질 때문에 공룡의 뼈는 돌처럼 변하게 되었어요.

그러니까 공룡의 화석은 아주 먼 옛날 진흙과 모래속에 파묻힌 뼈가 오랜 세월 동안 단단하게 변해서된 돌이라고 보면 되죠.

이것은 강바닥에서 죽은
공룡의 모습을 모형으로
만들어 놓은 거야.

화석을 관찰하면 공룡에 관한 많은 것을 알 수 있어요.

이빨 화석을 보면 공룡이 어떤 종류의 먹이를 먹었는지 짐작할 수 있어요. 끝이 무딘 이빨은 식물을 씹는 데 좋고, 날카롭고 삐쭉삐쭉한 이빨은 살코기를 찢어 먹는 데 좋지요.

사람들이 땅속에서 파낸 것을 무조건 화석이라고 부른 적도 있어. 심지어는 감자까지도!

다리뼈 화석을 보면 그 공룡이 어떻게 걸었는지를 알아낼 수 있어요. 화석이 기다란 다리뼈라면 그 공룡이 빨리 달릴 수 있었다는 걸 알 수 있고요, 굵고 짧은 다리뼈라면 그 공룡은 느릿느릿 움직였다는 것을 알 수 있어요.

발자국 화석을 보면 공룡의 몸무게를 잴 수 있죠. 깊이 패인 발자국 화석을 보면 그 공룡이 아주 무거웠을 거라고 짐작할 수 있어요. 살짝 패인 발자국 화석을 보면 그 공룡이 아마 가벼웠을 거라는 걸 알 수 있지요.

발자국 화석은 공룡이 어떻게 이동했는지도 알려 줘요. 많은 발자국들이 한쪽으로 이어져 있다면 그

공룡들은 무리를 지어 옮겨 다녔다는 것을 말해 주는 거예요. 커다란 발자국 옆에 자그마한 발자국이 나 있다면 공룡들이 가족을 이루어 다녔다는 것을 보여 주지요.

우리는 화석 덕분에 공룡에 대한 많은 사실을 알 수 있게 된 거예요. 하지만 화석은 그저 공룡에 대한 실마리일 뿐이에요. 이 신기한 생물들이 어떻게 생겨 났는지, 어떻게 살았는지, 또 어떻게 해서 죽게 되었 는지를 알아내려면 상상력을 이용해야만 해요.

공룡의 발자국 화석이야.
여러 공룡들이 함께 한 방향으로 가고 있었나 봐.

새끼 공룡 화석

화석을 보면 공룡의 알과 둥지 그리고 새끼 공룡에 대해서도 알 수 있어요.

어떤 공룡은 알들을
이렇게 둥그렇게
놓아 두었대.

공룡 알들은 대개 둥지에서 발견되었어요. 하지만 공룡의 둥지는 새 둥지하고는 달라요. 공룡들은 모래 나 진흙을 파서 둥지를 만들었거든요. 해마다 같은 곳으로 돌아와서 둥지를 트는 공룡들도 있었죠.

지금까지 발견된 공룡 알 화석 중에 가장 큰 것은 축구공만 해요. 그런데 그 알을 낳은 어미 공룡의 몸 길이는 12미터도 넘었을 거라고 해요!

그토록 덩치가 큰 공룡이 왜 그렇게 작은 알을 낳았을까요?

과학자들은 이렇게 생각한대요. 공룡의 알이 그보다 더 컸더라면 알

껍데기가 더 두꺼워야 할 테고, 그럼 새끼 공룡들이 알을 깨고 나오기가 힘들었을 거라고요.

새끼 공룡의 화석이야.
정말 깜찍하지?

공룡을 발견한 사람들

공룡의 화석을 처음으로 발견했던 사람들은 그게 뭔지도 몰랐어요.

고대 중국 사람들은 공룡의 화석을 용의 뼈가 변한 것이라고 믿었어요. 미국 인디언들은 엄청나게 커다란 뱀의 뼈가 변한 것이라고 생각했지요.

심지어 어떤 사람들은 공룡 화석을 보고 몸집이 아주 큰 코끼리나 거인의 뼈가 변한 것이라고 믿었다고 해요.

1822년에 영국에서 메리 앤 맨텔과 기디언 맨텔 부부는 집 근처에서 커다란 이빨 화석을 몇 개 발견했어요. 기디언 맨텔은 그 화석을 박물관으로 가져가서는 다른 동물들의 이빨과 비교해 보았어요.

하지만 자기들이 발견한 화석처럼 생긴 이빨은 도저히 찾을 수가 없었어요. 그래서 기디언 맨텔은 그 화석이 현재는 존재하지 않는 어떤 동물의 것이라고 결론 내렸죠.

이구아나는 남아메리카에 사는 커다란 도마뱀이야.

기디언 맨텔은 그 이빨 화석이 거대한 이구아나의 이빨과 비슷하다는 것을 발견하고 그 이빨의 주인을 '이구아노돈' 이라고 불렀어요.

그와 비슷한 때에 영국 옥스퍼드 대학의 윌리엄 버클랜드 교수는 아주 커다란 턱뼈 화석을 연구하고 있었어요. 버클랜드 교수도 그 화석이 현재는 지구에 살지 않는 동물의 것이라고 생각했죠.

그는 그 화석의 주인에게 '메갈로사우루스' 라는 이름을 붙였어요. 이는 그리스어로 '큰 도마뱀' 이라는 뜻이에요.

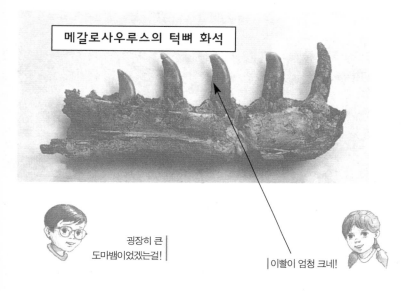

메갈로사우루스의 턱뼈 화석

굉장히 큰
도마뱀이었겠는걸!

이빨이 엄청 크네!

그로부터 약 20년 후에 리처드 오언이라는 영국 과
학자도 이구아노돈과 메갈로사우루스의 화석을 연구
했어요. 오언 역시 이 두 생물이 지금까지 지구에 살
고 있는 그 어떤 생물하고도 같지 않다는 결론을 내
렸지요. 그래서 이 특별한 생물들에게 특별한 이름을
지어 줘야겠다고 마음먹었어요.

리처드 오언은 그리스어로 '무시무시한 도마뱀'이
라는 뜻을 가진 이름을 골랐어요.

그 이름이 바로 '디노사우르' 였어요. 우리말로는
공룡이라고 하죠.

이러한 일들이 있은 후에 사람들은 공룡에 대해 점
점 더 관심을 갖게 되었어요. 과학자들은 더 많은 화

공룡의 이름은 어떻게 지을까?

학자들은 자신들이 발견한 여러 공룡들에게 라틴
어과 그리스 어로 이름을 지어 주었어요.

때로는 그 공룡이 발견된 곳의 이름을 따서 짓기도
했죠. '알라모사우루스' 는 미국의 텍사스 주 알라모
에서 화석이 발견되어서 그런 이름을 갖게 된 거지요.

또 어떤 공룡들은 발견한 사람의 이름을 따서 불려
지기도 했어요. '마르쇼사우루스' 는 '오스니엘 찰스
마시' 라는 유명한 고생물학자의 이름을 따서 붙인
이름이었죠.

석을 연구하고 싶어 했고 박물관에서는 공룡의 화석
을 전시하고 싶어 했어요. 그래서 공룡의 뼈를 한 조
각이라도 더 찾아내려고 사람들이 앞 다투어 발 벗고
나서게 되었지요!

또 생김새를 보고 이름을 짓기도 했어요. '코리토
사우루스'는 '헬멧을 쓴 도마뱀' 이라는 뜻이지요.
머리에 달린 볏이 고대 그리스의 군인이 썼던 헬멧과
비슷하게 생겼거든요.

코리토사우루스

바보사우루스!

공룡 뼈 전쟁

화석을 연구하는 학자를 '고생물학자'라고 불러요. 유명한 고생물학자 중에 오스니엘 찰스 마시와 에드워드 드린커 코프란 사람이 있었어요. 둘 다 1870년대에 화석을 발굴하기 시작한 미국인들이었죠.

마시와 코프는 서로 앞 다투어 새로운 화석을 찾아내는 데 열을 내다가 그만 사이가 나빠져 버렸어요. 발견한 것들을 서로에게 보여 주지 않고 상대편 연구소에 스파이를 보내기도 했어요. 심지어 뼈를 훔치려고까지 했다지 뭐예요!

마시

두 사람은 자그마치 20년 동안이나 경쟁했어요. 그 경쟁이 어찌나 치열했는지 마치 전쟁 같았죠. 하지만 두 사람이 일으킨 공룡 뼈 전쟁 덕에 130종이 넘는 공룡들이 발견되었답니다.

지난 100년 동안 사람들은 세계 여

코프

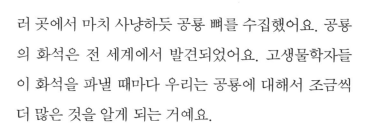

이 화석은 마시와 코프 사이의
공룡 뼈 전쟁 중에 발견됐대!

러 곳에서 마치 사냥하듯 공룡 뼈를 수집했어요. 공룡
의 화석은 전 세계에서 발견되었어요. 고생물학자들
이 화석을 파낼 때마다 우리는 공룡에 대해서 조금씩
더 많은 것을 알게 되는 거예요.

공룡 화석을 발굴할 때 필요한 도구들

고생물학자들은 공룡 화석을 파낼 때 여러 가지 도구를 사용해요. 그중에서도 중요한 도구들은 바로 이런 것들이죠.

돋보기— 이빨 같은 작은
화석을 봐요.

사진기—발굴 현장과 화석의
사진을 찍어요.

연필과 공책—화석에 대해서
이모저모 기록해요.

줄자와 대자—공룡 화석의
크기를 재요.

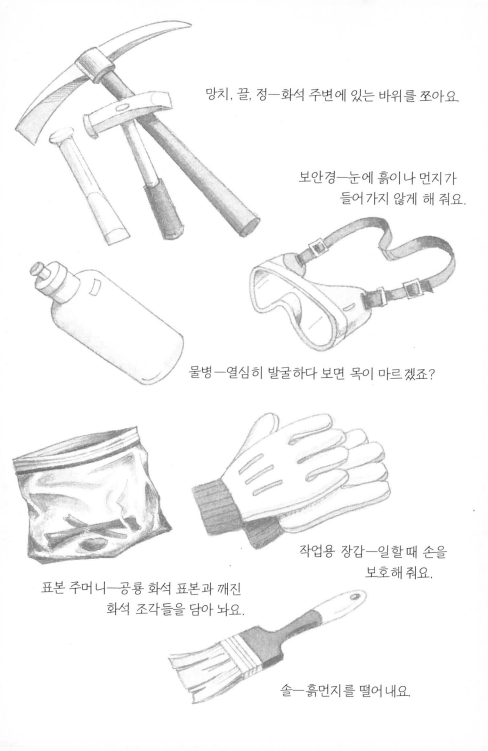

망치, 끌, 정—화석 주변에 있는 바위를 쪼아요.

보안경—눈에 흙이나 먼지가
들어가지 않게 해 줘요.

물병—열심히 발굴하다 보면 목이 마르겠죠?

작업용 장갑—일할 때 손을
보호해 줘요.

표본 주머니—공룡 화석 표본과 깨진
화석 조각들을 담아 놔요.

솔—흙먼지를 떨어 내요.

고생물학자들의 뼈아픈 실수

제아무리 뛰어한 고생물학자라도 때로는 실수를
하는 법!

어딘지
이상한걸!

내 이름을 돌려줘!

1879년 거대한 초식 공룡의 화석이 발견되었어요.
오스니엘 찰스 마시는 그 공룡을 '브론토사우루스'
라고 이름을 붙였어요. 많은 사람들이 브론토사우루

스를 보러 박물관에 모여들었어요. 그런데 알고 보니
이 화석은 마시가 2년 전에 발견한 아파토사우루스
의 몸통에 카마라사우루스의 머리뼈를 가져다 붙인
거였지 뭐예요! 뒤늦게 이 화석은 아파토사우루스라
는 원래 이름을 되찾았답니다.

그쪽이 아닌데……

에드워드 드린커 코프가 화석을 찾아다니기 시작
한 지 얼마 안 되었을 때였어요. 그는 거대한 엘라스
모사우루스의 화석을 파내었어요. 그런데 코프는 뼈
를 짜 맞추면서 큰 실수를 하고 말았어요. 꼬리뼈와
목뼈를 섞어 맞춘 것도 모자라서 머리를 목 끝이 아
닌 꼬리 끝에다 달아 버린 거예요!

뿔일까 발톱일까?

기디언 맨텔이 이구아노돈의 화석을 연구할 때의 일이에요. 맨텔은 그만 꼬리뼈와 목뼈를 섞어 맞추었어요. 게다가 공룡의 발톱 하나를 큼지막한 뿔로 착각하는 바람에 얼굴에 발톱이 달린 이구아노돈을 완성했답니다!

내 이름은 억울해사우루스!

80여 년 전 아시아에서 화석 알이 가득한 둥지 근처에서 작은 공룡의 뼈가 발견되었어요. 고생물학자들은 이 공룡이 알을 습격하려 했다고 생각했어요. 그래서 '알 도둑' 이라는 뜻의 '오비랍토르' 라는 이름을 지어 주었지요. 그런데 오비랍토르가 다른 공룡의 알을 도둑질하려 했던 게 아니라는 것이 나중에 밝혀졌어요. 오히려 오비랍토르는 다른 공룡들이 자기 알을 훔쳐가지 못하도록 지키고 있었던 거였죠!

손대지 마세요!

무시무시한 육식 공룡

공룡 화석을 많이 발굴하면서 고생물학자들은 먼 옛날 이 지구에 수백 가지 종류의 공룡들이 살았다는 사실을 알게 되었어요.

그래서 학자들은 공룡들을 몇 가지로 분류하기 시작했죠.

공룡을 분류하는 가장 간단한 방법은 먹이에 따라 나누는 것이에요.

아이, 끔찍해라! 육식 공룡은
살코기만 먹었던 게 아니래.
뇌, 뼈, 내장뿐 아니라 눈알까지도
다 먹어 치웠다지 뭐야!

고기를 먹고 사는 육식 공룡과 식물을 먹고 사는
초식 공룡으로 나누는 것이죠.

알로사우루스의 화석

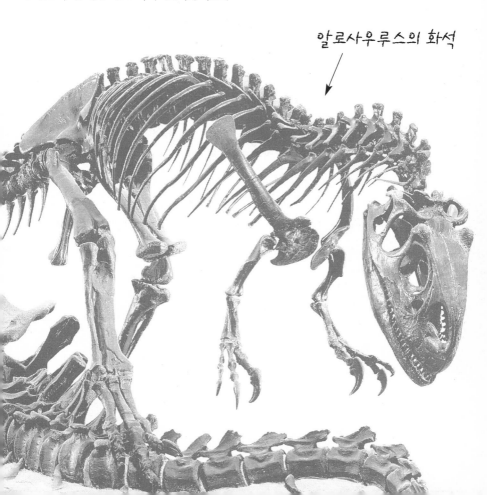

육식 공룡인 줄 어떻게 알았지?

고생물학자들은 공룡들이 무엇을 먹고 살았는지 알기 위해서 화석에서 그 실마리를 찾지요.

공룡의 화석 안에서 다른 동물의 뼈가 발견되기도 해요. 그것은 바로 그 공룡이 육식 공룡이었다는 사실을 말해 줘요.

이 이빨은 길고 끝이 날카롭네. 틀림없이 육식 공룡의 이빨이었을 거야.

어떤 공룡의 이빨 화석은 짧고 끝이 무뎌요. 무딘 이빨은 살코기를 찢기에는 알맞지 않아요. 따라서 이런 이빨을 가졌던 공룡은 틀림없이 초식 공룡이었을 거예요.

공룡의 똥이 화석으로 남아 있는 경우도 있어요. 만약 거기에 풀씨가 들어 있다면 그 똥을 배설한 공룡은 초식 공룡이었을 거예요. 하지만 똥 안에 잘게 부서진 뼛조각이 들어 있다면 그 공룡은 분명히 육식 공룡이었겠죠!

최초의 공룡

이제까지 발견된 공룡 화석 중 가장 오래된 것은 몸집이 거위만 한 육식 공룡이에요. 고생물학자들은 이 공룡에게 '에오랍토르' 라는 이름을 지어 주었어요. '새벽의 도둑' 이란 뜻이죠. 에오랍토르는 2억 2,500만 년 전에 살았어요. 그러니 에오랍토르가 살았던 시대는 '공룡 시대의 새벽' 이라고 할 수 있겠지요?

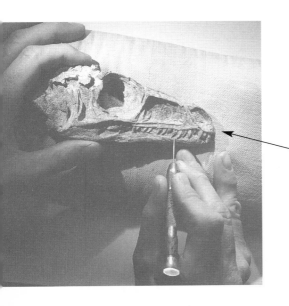

와! 에오랍토르는 머리가 무척 작았구나. 하지만 이빨은 날카로운걸!

에오랍토르 같은 초기의 공룡들은 모두 작은 도마뱀이나 곤충을 먹고 살았던 육식 공룡이었어요.

육식 공룡들은 크기가 저마다 달랐어요. 하지만 생김새는 서로 비슷했죠.

육식 공룡은 대부분 두 뒷다리로만 걷고 뛰었어요. 그리고 작은 앞발과 길고 튼튼한 꼬리를 가지고 있었어요. 입 안에는 날카로운 이빨이 가득히 나 있었고요.

육식 공룡

▶ 뒷다리로 걸었다.

▶ 앞다리가 작았다.

▶ 꼬리가 길고 튼튼했다.

▶ 이빨이 날카로웠다.

육식 공룡이 두 다리로 달릴 수 있었던 것은 긴 꼬리를 이용해서 균형을 잡을 수 있었기 때문이에요.

티라노사우루스의 화석

　같은 육식 공룡이라고 해도 먹이를 구하는 방법은
저마다 달랐어요. 어떤 공룡은 작은 공룡이나 다른
동물들을 잡아먹었어요. 이렇게 다른 동물들을 잡아
먹는 동물을 어려운 말로 '포식자' 라고 불러요. 그리
고 다른 동물에게 잡혀 먹이가 되는 동물을 '피식자'
라고 해요.
　먹이를 직접 사냥하지 않는 육식 공룡들도 있었어
요. 그런 공룡들은 포식자가 남긴 고기 찌꺼기를 먹고

살았어요. 이런 동물은 '청소 동물'이라고 해요.

육식 공룡들은 중생대 내내 지구를 누비고 다녔어요. 육식 공룡들은 영리한 데다 움직임이 아주 빨랐어요. 아마 이제껏 지구에서 살았던 생물 중에 육식 공룡이 가장 무시무시할 거예요.

육식 공룡의 종류는 수백 가지나 됐대. 어떤 공룡들이 있었는지 한번 알아볼까?

이쪽이야!

잭과 애니가 소개하는 육식 공룡

코엘로피시스는 속이 비었다는 뜻이래.

코엘로피시스

코엘로피시스는 중생대 초기에 살았어요. 가벼운 뼈와 기다란 다리를 가진 것으로 보아 달리기를 아주 잘하는 공룡이었을 거예요.

고생물학자들은 미국 뉴멕시코 주의 어느 목장에서 코엘로피시스의 뼈를 수십 개 발견했어요. 그 목장은 유령의 목장이라고 불린대요. 그곳 사람들 말로는 코엘로피시스의 유령들이 밤마다 목장에 나타나 춤을 춘다나요!

코엘로피시스와 우리가 함께 서 있는 모습을 그려 본 거야. 이 공룡의 크기를 짐작할 수 있지?

멀리까지 내다볼 수 있는 눈

삐쭉삐쭉 날카로운 이빨

단단한 앞 발톱

길고 튼튼한 다리

트루돈

트루돈은 공룡 중에서 가장 영리했을 거예요. 몸은 작은 편이었지만 뇌는 몸집에 비해서 꽤 컸거든요.

트루돈의 이빨은 사람의 치아보다 작았지만 끝이 몹시 뾰족하고 날카로웠어요.

트루돈은 '상처를 내는 이빨'이란 뜻이래.

한번 잡히면 절대로
빠져나가지 못하는 발톱!

그리고 무엇보다도 이 공룡은 몸놀림이 빨랐어요. 아마도 한 시간에 약 50킬로미터 정도를 달릴 수 있었을 거라고 해요. 사람은 아무리 빨라도 한 시간에 37킬로미터 정도밖에 달리지 못해요. 트루돈이 어느 정도 빨랐는지 상상이 가죠?

작지만 날카로운 이빨!

손 같은 앞발

벨로키랍토르

벨로키랍토르는 두 발에 아주 길고 날카로운 발톱이 나 있어요. 달릴 때는 방해되지 않게 발톱을 들어 올렸다가 먹이를 잡을 때는 발톱을 다시 내려서 상대를 공격했죠.

1971년에 몽골의 고비 사막에서 벨로키랍토르의 화석이 발굴되었는데 그 벨로키랍토르 화석은 다른 공룡의 머리뼈를 꽉 움켜잡고 있었어요. 먹이를 공격하다가 그만 함께 화석이 되어 버린 것이지요.

2미터 정도 되는 긴 꼬리

여러 개의 이빨

긴 턱

면도날 같은 발톱

바리오닉스

바리오닉스의 주둥이는 악어의 주둥이처럼 길쭉해요. 그래서 다른 육식 공룡들보다 이빨이 두 배나 더 많아요. 양 앞발에는 작살같이 길고 날카로운 발톱이 하나씩 있었어요.

바리오닉스는 '무거운 발톱' 이란 뜻이야.

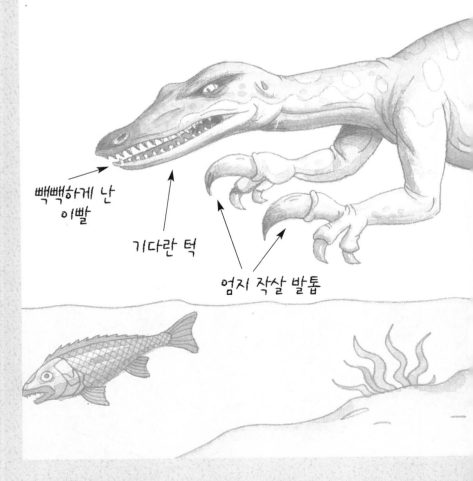

빽빽하게 난 이빨

기다란 턱

엄지 작살 발톱

고생물학자들은 바리오닉스가 물고기를 잡는 데
이 '엄지 작살 발톱'을 썼을 것이라고 생각해요. 왜
냐고요? 가장 먼저 발굴된 바리오닉스 화석의 배 속
에서 반쯤 먹다 남은 물고기가 발견되었거든요.

티라노사우루스

티라노사우루스는 가장 유명한 육식 공룡이지요. 티라노사우루스는 아주 날카로운 이빨을 가졌어요. 15센티미터가 넘는 이빨도 많았어요. 머리는 욕조만 하게 컸고, 사람 한 가족이 몇 주일 동안 먹고도 남을 만큼 많은 양을 한입에 다 넣을 수 있었지요.

티라노사우루스의 뒷다리는 길고 튼튼했어요. 하지만 앞발은 너무 짧아서 입에 닿지도 않았어요. 아마도 티라노사우루스의 앞발은 잠에서 깨어나 똑바로 일어설 때 사용했을 거예요.

티라노사우루스는 난폭한 도마뱀 왕'이라는 뜻이래.

두터운 꼬리

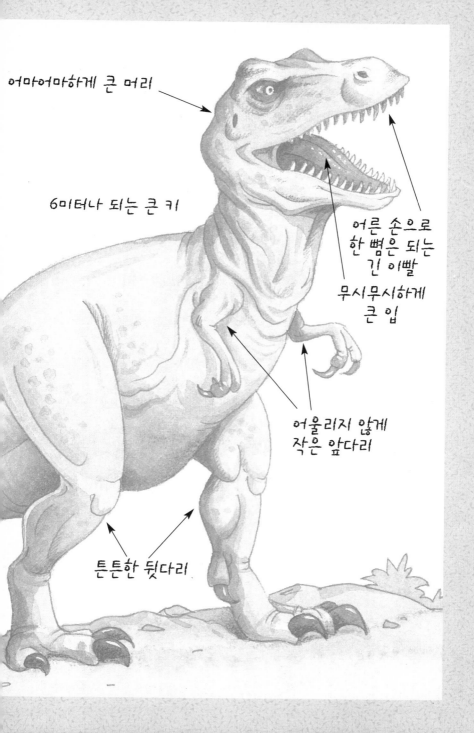

어마어마하게 큰 머리

6미터나 되는 큰 키

어른 손으로
한 뼘은 되는
긴 이빨

무시무시하게
큰 입

어울리지 않게
작은 앞다리

튼튼한 뒷다리

기가노토사우루스

기가노토사우루스의 화석은 남아메리카에서 일부분이 발견되었어요. 이 거대한 육식 공룡은 티라노사우루스보다도 더 크다고 해요. 머리 길이만 1.8미터나 되지요!

거대한 머리뼈

고생물학자들은 지금도 이 공룡의 뼈를 찾아다니고 있어요. 기가노토사우루스의 뼈가 다 발견되면 티라노사우루스를 제치고 육식 공룡의 왕 자리를 차지하게 될지도 몰라요.

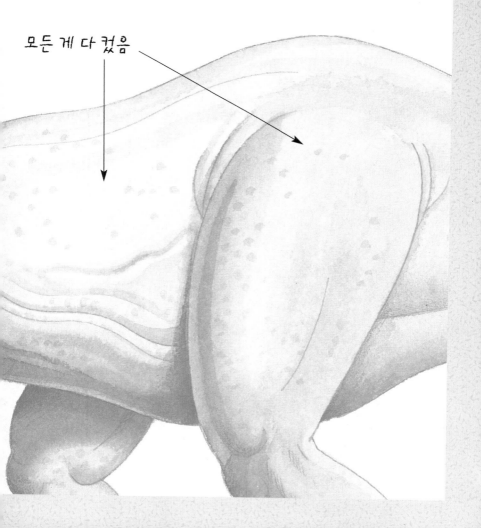

모든 게 다 컸음

초식 공룡의 화석

덩치만 큰 초식 공룡

최초의 공룡이자 가장 날쌔고 가장 영리한 공룡은 육식 공룡이었어요. 하지만 덩치가 가장 큰 공룡은 초식 공룡이었답니다!

초식 공룡은 육식 공룡이 나타나고 나서 몇 백만 년이 지난 후에 나타났어요. 육식 공룡과 마찬가지로 중생대에 살았죠.

초식 공룡은 육식 공룡보다 종류가 더 많았어요. 양치식물과 키 작은 덤불을 주로 먹었던 초식 공룡도

있었고 키가 커서 나무 꼭대기에 있는 잎을 따 먹었
던 초식 공룡도 있었어요. 하지만 절대로 다른 동물
들을 잡아먹지는 않았어요.

초식 공룡

▶ 종류가 아주 많았다.

▶ 키가 무척 큰 공룡들도 있었다.

▶ 키가 작은 공룡들도 있었다.

▶ 다른 동물들을 잡아먹지 않았다.

양치식물은 꽃이 피지 않고 홀씨로 번식하는 식물이야.

이 그림에 나오는 초식 공룡들은 서로 다른 시대에 살았어.

덩치가 가장 큰 초식 공룡은 용각류에 속하는 공룡들이에요. 이 공룡들이 남긴 발자국은 대형 트럭의 타이어만큼이나 크지요. 용각류는 '사우로포드'라고도 하는데 이는 '괴물 도마뱀' 또는 '아주 거대한 도마뱀'이라는 뜻이에요.

오랫동안 고생물학자들은 덩치가 가장 큰 공룡은 '브라키오사우루스'라고 불리는 용각류라고 생각했어요. 브라키오사우루스는 버스 세 대를 쭉 늘어놓은 것만큼이나 길어요. 하지만 최근에 이보다도 덩치가 더 큰 공룡의 화석이 세 개나 발견되었어요.

커요!

▶ 수퍼사우루스: 수퍼 도마뱀이란 뜻이에요.

진짜 커요! ▶ 울트라사우루스: 최고로 큰 도마뱀이란 뜻이죠.

▶ 세이스모사우루스: 땅을 뒤흔드는 도마뱀이란 뜻이랍니다.

진짜진짜 커요!

안타깝게도 이 거대한 공룡들은 화석이 겨우 몇 개 발견되었을 뿐이라서 더 자세히 알 수가 없어요. 하지만 몇몇 고생물학자들은 세이스모사우루스가 버스를 여섯 대나 늘어놓은 정도, 그러니까 한 45미터 정도로 길었을 거라고 추측한대요!

그럼 세이스모사우루스가 가장 큰 공룡이었을까요? 그건 아무도 몰라요. 언젠가 그보다 더 큰 공룡의 화석이 햇빛을 보게 될 수도 있잖아요?

잭과 애니가 소개하는 초식 공룡

스테고사우루스

스테고사우루스는 크기가 작은 트럭만 해요. 그리고 꼬리 끝에 기다란 가시 네 개가 있었어요. 등에는 큼직하고 납작한 널빤지 모양의 돌기가 돋아나 있었죠.

스테고사우루스는 머리가 아주 작았어요. 그래서 사람들은 스테고사우루스의 뇌는 골프 공 크기 정도밖에 안 된다고 생각했어요. 그런데 최근에 이 공룡의 뇌가 기다란 핫도그처럼 생겼을 거라는 연구 결과가 나왔어요.

스테고사우루스의 뇌

핫도그

꼬리에 달린 기다란 가시

납작한 등판 돌기

거대한 몸

조그마한
머리

안킬로사우루스

안킬로사우루스는
'연결된 도마뱀'
이라는 뜻이래.

안킬로사우루스는 몸집이나 생김새가 꼭 전투 탱크 같아요. 몸통과 머리가 온통 갑옷으로 덮여 있거든요. 갑옷은 단단한 뼈로 되어 있어서 티라노사우루스 같은 육식 공룡의 공격으로부터 몸을 지킬 수 있었어요.

단단한 갑옷

몸을 보호하기 위한
가시

안킬로사우루스의 꼬리에는 커다란 방망이가 달려 있었어요. 이 꼬리 몽둥이는 어떤 일을 했을까요? 아마도 자기를 공격해 오는 다른 공룡의 발이나 다리를 치는 데 사용했을 거에요.

꼬리에 달린 방망이

에드몬토사우루스

에드몬토사우루스
는 '에드몬톤에서
발견된 도마뱀'
이라는 뜻이야.

에드몬토사우루스는 '아나토사우루스'라고
불리기도 하죠.

에드몬토사우루스는 주둥이가 오리같이 생겼
고 이빨이 2,000개나 되었어요. 그중 하나라도
빠지면 이빨이 새로 자라서 그 자리를 메웠죠.

튼튼한 두 다리

에드몬토사우루스는 새끼들을 정성스럽게 돌봤어
요. 둥지를 지키고 새끼들한테 줄 먹이를 모아 왔지
요. 새끼들이 자라서 스스로 살아갈 수 있을 때까지
돌보았을 거예요.

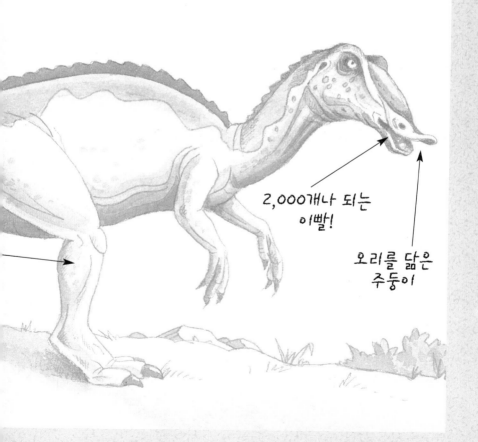

2,000개나 되는
이빨!

오리를 닮은
주둥이

트리케라톱스

트리케라톱스의 얼굴은 무시무시한 괴물 가면 같았어요. 입은 앵무새 같았고 기다란 뿔이 얼굴에 세 개나 있었거든요.

고생물학자들은 트리케라톱스가 자신을 위협하는 다른 공룡들을 물리치는 데 이 뿔을 사용했을 것이라고 믿고 있어요. 하지만 수컷 트리케라톱스 두 마리가 암컷을 차지하려고 다툴 때 서로 뿔을 맞대고 힘겨루기를 했을 것이라는 주장도 있답니다.

뿔 세 개

목을 보호해
주는 방패

앵무새 부리
같은 입

디플로도쿠스

디플로도쿠스는 '두 개의 대들보' 라는 뜻이야. 꼬리뼈 중간에 두 개의 돌기가 있어서 생긴 이름이래.

디플로도쿠스는 아주 길고 날씬한 용각류예요. 꼬리는 기다랗고 다리는 아주 튼튼했지요. 나무 꼭대기에 달린 잎을 따 먹기 위해 뒷다리와 꼬리로 중심을 잡고서 앞발을 들고 섰을 거예요.

디플로도쿠스는 온종일 계속해서 먹어 댔어요. 거대한 몸집에 비해서 입이 너무나 작았기 때문에 배불리 먹으려면 입놀림을 수백 번 해야 했거든요.

무척 긴 꼬리

아주 작은 머리

기다란 목

오물오물
조그만 입

튼튼한 뒷다리

브라키오사우루스

브라키오사우루스
는 '팔이 있는
도마뱀'이란
뜻이야. 유난히
긴 앞다리 때문에
생긴 이름이래.

브라키오사우루스는 어떻게 보면 기린 같아요. 목은 아주 길고 머리는 작았거든요. 그리고 앞다리가 뒷다리보다 더 길었어요.

하지만 브라키오사우루스의 목은 기린의 목보다 두 배는 더 길었답니다. 어디 그뿐인가요? 이 공룡은 콧구멍이 머리 꼭대기에 있었다고 하지 뭐예요!

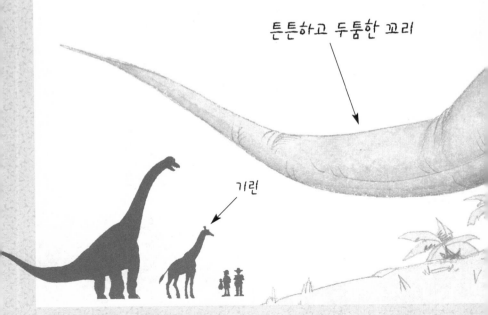

튼튼하고 두툼한 꼬리

기린

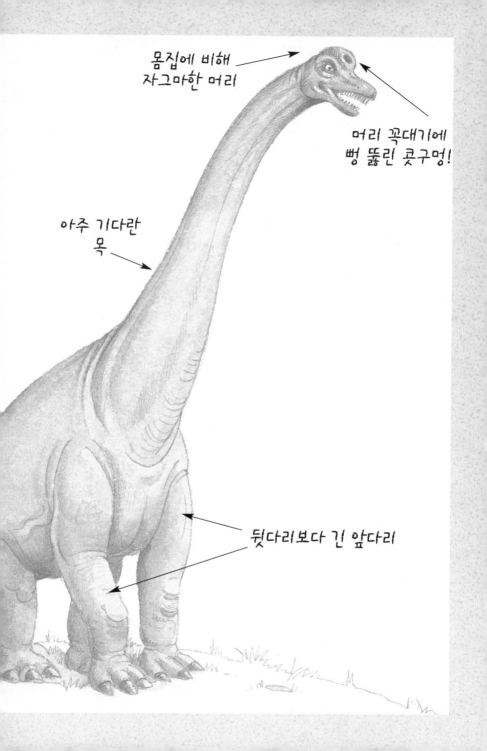

몸집에 비해
자그마한 머리

머리 꼭대기에
뻥 뚫린 콧구멍!

아주 기다란
목

뒷다리보다 긴 앞다리

잭과 애니가 꾸민

머리가 가장 큰 공룡은?

초식 공룡인 토로사우루스는 이 지구상에 살았던 육지 동물 중에 머리가 가장 컸죠. 머리 뒤에 아주 긴 볏이 나 있었거든요. 그래서 머리 크기가 몸 전체의 삼 분의 일 정도인 2.7미터나 되었어요.

애니의 머리가 몸의 삼 분의 일이라면 이런 모습이겠죠!

공룡들의 기네스북

목이 가장 긴 공룡은?

마멘치사우루스도 초식 공룡이었어요. 공룡들 가운데서 목이 가장 길었던 마멘치사우루스의 목은 자그만치 10미터나 되었대요. 몸 전체 길이의 절반 정도가 목이었다지 뭐예요.

> 잭의 목이 몸 전체 길이의 절반 정도로 길어지면 이런 우스꽝스러운 꼴이 되고 말 거예요!

눈이 가장 큰 공룡은?

왕방울 눈을 가진 드로미케이오미무스는 육식 공룡이었어요. 몸 전체 크기는 타조만 했지만 눈은 오렌지만큼이나 컸어요.

애니의 눈이 오렌지만 하다면 이런 모습이겠네요!

공룡들의 기네스북

이름이 가장 긴 공룡은?

마이크로파키케팔로사우루스는 중국에서 발견된 아주 조그만 초식 공룡이에요. 이 긴 이름에는 '아주 조그만(마이크로), 두터운(파키), 머리(케팔로), 도마뱀(사우루스)' 이라는 뜻이 담겨 있죠.

이 아이의 진짜 이름은 '안경잡이 배낭족 남자 아이'라는 뜻의 '글래시스앤드백팩보이'랍니다.

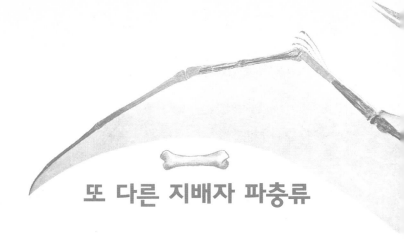

또 다른 지배자 파충류

중생대에 땅을 지배한 것은 공룡들이었어요. 그렇다고 그때 온통 공룡만 살았던 것은 아니었어요. 하늘과 바다에도 파충류가 살았죠. 이 파충류들도 공룡의 일종이라고 흔히들 생각해요. 하지만 정확하게 따지면 공룡과는 다른 종류랍니다.

날아다니는 파충류를 '익룡' 혹은 '프테로사우르'라고 불러요. 프테로사우르라는 이름은 그리스어로 '날개 달린 도마뱀' 이란 뜻이에요. 물론 익룡이란 말

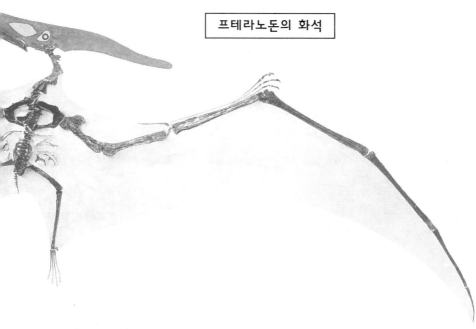

도 똑같은 뜻이고요.

익룡의 날개는 피부와 뼈로 이루어져 있었어요. 두 날개는 아주 기다란 손가락에 붙어 있었는데, 그 손가락은 익룡의 손에서부터 날개 끝까지 연결되어 있었죠. 어떤 익룡은 손가락 길이가 자그마치 3미터나 되었다고 해요!

익룡들은 날개를 활짝 펴고 바람을 타는 방법으로 하늘을 날았어요.

하늘의 파충류

▶ 날개가 피부로 이루어져 있다.

▶ 손가락이 길다.

▶ 바람을 타고 하늘을 날아다녔다.

바다 속에 사는 파충류도 있었어요. 이런 파충류를 '어룡' 이라고 불러요. 어룡에는 세 종류가 있어요.

이크티오사우루스류: 물속 생활에 가장 잘 적응한 파충류예요. 부리가 기다랗고 눈이 커다란 돌고래처럼 생겼죠.

모사사우루스류: 발가락이 길쭉하고 발에 물갈퀴가 달린, 거대한 물속 도마뱀처럼 생겼어요.

플레시오사우루스류: 현재 지구에 사는 그 어떤 동물하고도 닮지 않았어요. 어떤 것은 목이 짧고 턱이 길어서 꼭 악어같이 생겼고 어떤 것은 목이 길고 머리가 작아서 마치 거대한 용각류 같아요.

바다의 파충류

▶이크티오사우루스류.

▶모사사우루스류.

▶플레시오사우루스류.

플레시오사우루스의 화석

중생대에는 어떤
익룡과 어룡들이
살았는지 한번
알아볼까?

이쪽이야!

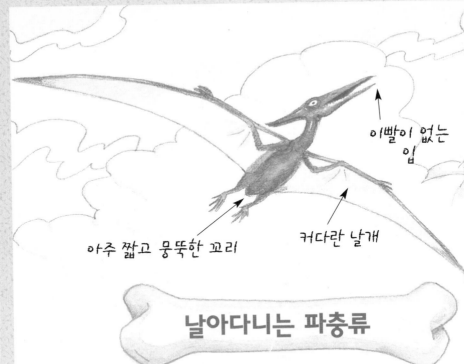

이빨이 없는 입

아주 짧고 뭉뚝한 꼬리

커다란 날개

날아다니는 파충류

프테라노돈

프테라노돈은 '이빨이 없는 날짐승'이란 뜻이래.

프테라노돈은 부리가 길고, 머리 뒤통수 쪽에 길고 딱딱한 벼슬이 삐쭉 솟아나 있었어요. 아마도 그 벼슬이 몸의 균형을 잡는 역할을 했을 거예요. 물고기를 잡기 위해 곤두박질할 때 부리 때문에 앞으로 고꾸라지지 않도록 말이에요.

아주
큰 날개!

퀘찰코아틀루스

　퀘찰코아틀루스는 지금까
지 존재한 날아다니는 생물들 중에
서 가장 몸집이 컸어요. 양 날개의 길이
가 6미터 정도였으니 작은 비행기만큼
이나 컸죠.

퀘찰코아틀루스는
날개를 가진 큰 뱀
이란 뜻이야.

헤엄치는 파충류

옵탈모사우루스

옵탈모사우루스는 눈이 아주 큰 이크티오사우루스류였어요. 깊고 어둠침침한 바다 속에서 생활하는 데 큰 눈이 도움이 되었을 거예요.

옵탈모사우루스는 '눈 도마뱀'이란 뜻이야.

커다란 눈

엘라스모사우루스

엘라스모사우루스는 플레시오사우루스류에 속해요. 목이 몸 전체 길이의 반 이상을 차지할 만큼 길었어요.

고생물학자들은 이 어룡이 물 위로 목을 빼고 헤엄치다가 수면 가까이에 있는 물고기를 사냥했을 것이라고 생각하고 있어요.

엘라스모사우루스는 '얇은 도마뱀'이란 뜻이야.

기다란 목

조그마한 머리

지느러미 모양의 발

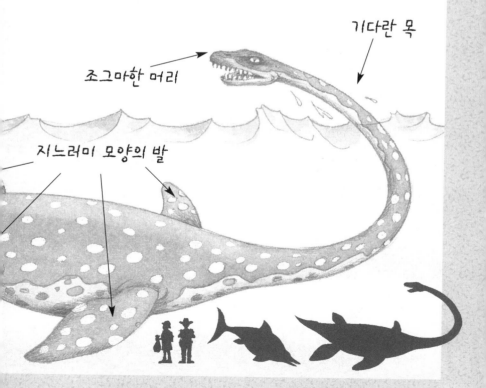

공룡은 왜 사라졌을까?

공룡들은 수억만 년 동안이나 이 땅 위에서 살았어요. 그런데 지금은 완전히 사라져 버려서 한 마리도 볼 수가 없죠.

무슨 일이 일어났던 걸까요? 왜 모두 죽어 버렸을까요? 그 이유를 확실히 아는 사람은 아무도 없어요.

과학자들은 확실히 증명되지 않은 생각을 '학설' 또는 '이론'이라고 불러요. 왜 공룡들이 지구에서 사라졌는지 설명하는 몇 가지 학설들을 알아봅시다.

기후 변화론

예전에 고생물학자들은 대부분 지구의 '기후 변화' 때문에 공룡들이 아주 서서히 없어졌다고 생각했어요. 날씨가 변해서 공룡들이 죽었다고 생각했던 것이지요.

기후란 어느 곳에 나타나는 평균적인 날씨를 뜻하는 말이야.

이러한 학설을 믿는 고생물학자들에 따르면 중생대가 끝날 무렵에 지구의 기후가 변하기 시작했어요. 그리고 기후가 변하면서 공룡의 세계도 변하게 되었지요.

기후 변화론을 믿는 고생물학자들은 공룡들이 기후 변화에 적응하지 못한 거라고 생각해요. 여러 해 동안 점점 많은 공룡들이 죽어 갔고, 그러다 마침내는 하나도 남지 않게 되었다고요.

멸종은 '지구에 더는 살지 않는다.' 는 뜻이야.

그래서 결국 공룡이 멸종되었다고 보는 거죠.

운석론

기후 변화론은 한동안 널리 인정받았어요. 하지만 현재는 다른 이론을 믿는 사람들이 더 많아졌어요.

공룡이 기후 변화에 따라 서서히 멸종된 것보다 더 빨리 멸종되었다고 생각하는 거예요. 그렇게 생각하는 학자들은 '운석론'을 주장했어요.

'운석'은 우주에서 지구로 날아 든 바위 덩이예요. 흔히 별똥별이라고 부르는 거지요. 운석론을 믿는 고생물학자들은 중생대가 끝나 갈 무렵에 지름이 8킬로미터쯤 되는 커다란 운석이 지구에 떨어졌을 거라고 믿고 있어요.

그 정도 크기의 운석이라면 지구에 어마어마한 충격을 주었겠지요. 그 바람에 운석이 떨어진 곳에서 수백 킬로미터 떨어진 곳에 사는 동물들까지도 다 죽었을 거예요. 게다가 그 운석이 지구에 떨어졌을 때 하늘에는 엄청난 먼지구름이 일고 연기와 재가 하늘을 뒤덮었을 거예요.

그 먼지구름은 몇 년 동안이나 하늘을 덮고 있었을 테고 햇빛은 거의 비치지 않았을 거예요. 햇빛이 비치지 않으니 당연히 땅은 점점 추워졌겠죠. 많은 공룡들이 얼어 죽었을 거예요. 식물이 자라지 못했을 테니 굶어 죽는 공룡도 생겼을 것이고요. 그렇게 해서 모든 공룡이 몇 년 사이에 금세 사라졌다고 보는 거예요.

운석론을 지지하는 고생물학자들은 공룡들을 사라지게 했던 커다란 운석이 지구의 어느 곳에 떨어졌는지 오랫동안 궁금해 했어요. 그러다 최근에 그 장소라고 생각되는 곳을 찾아냈어요.

그곳은 북아메리카의 멕시코 만에 있는 커다란 구멍이에요. 그런 구멍을 '크레이터' 라고 불러요. 그 구멍의 지름은 약 200킬로미터나 되고 깊이는 약 15킬로미터 정도나 된대요.

또 그 구멍은 작은 운석들이 떨어졌던 곳에서 발견된 것과 같은 종류의 광물질들로 가득 차 있대요.

오늘날 고생물학자들 대부분은 운석론을 믿고 있어요. 하지만 운석론도 어디까지나 학설에 불과할 뿐이랍니다.

지구에서 공룡이 사라져 버린 이유를 영원히 밝혀 내지 못할 수도 있겠지요. 이 이상하고 신기한 생물의

크레이터는
달과 같은 위성이나
지구 같은 행성
표면에 널려 있는
크고 작은
구멍이야.

죽음은 세상에서 가장 풀기 어려운 수수께끼 중의 하
나랍니다.

공룡에 얽힌 비밀

고생물학자들은 공룡의 화석을 200년가량 연구해 왔어요. 하지만 아무리 연구해도 알 수 없는 것들이 있다는데…….

비밀 ❶ 공룡의 색깔은?

공룡은 과연 무슨 색이었을까요? 갈색이나 회색? 아니면 밝은 빨간색이나 초록색? 노란색? 점박이 무늬가 있었을까요? 줄무늬는?

화석은 이런 것들을 가르쳐 주지 않아요. 화석에는 피부색이 제대로 남아 있지 않거든요. 어쩌면 공룡들은 요즘의 도마뱀이나 뱀들처럼 색이 화려했을 수도 있죠.

비밀 ❷ 공룡의 수명은?

공룡은 몇 년이나 살았을까요? 10년? 30년? 그건 아무도 몰라요. 다만 많은 고생물학자들은 100년 이상 산 공룡도 있었을 거라고 생각한대요!

비밀 ❸ 공룡의 울음소리는?

공룡은 어떤 소리를 냈을까요? 사자처럼 으르렁거렸을까요? 뱀처럼 쉭쉭거렸을까요? 새처럼 짹짹거렸을까요? 성난 개처럼 그르릉거렸을까요? 공룡의 머리와 몸의 모양새를 바탕으로 그저 추측할 뿐이죠. 어떤 공룡은 머리뼈에 뼈로 된 관이 있었는데 그 관으로 나팔 소리를 냈을지도 몰라요.

공룡의 이웃사촌

공룡은 이제 지구상에 살지 않아요. 하지만 공룡들과 같이 살았던 생물 중에는 지금도 살고 있는 것들이 있어요.

도마뱀은 작은 육식 공룡들이 좋아하는 먹이였어요. 요즘에 우리가 볼 수 있는 도마뱀은 중생대에 살았던 도마뱀과 거의 비슷해요.

거북도 공룡들하고 같이 살았던 생물이에요. 그때는 지금보다 훨씬 덩치가 큰 거북도 있었어요. 길이가 3.7미터나 되는 거북의 화석이 남아 있어요. 하지만 그때나 지금이나 거북의 모양은 비슷하죠.

스투펜데미스의 화석

정말 크네! 400만 년 전에 남아메리카에 살았던 **스투펜데미스**는 몸집이 가장 큰 민물 거북이었어. 몸이 2미터까지 자랐지.

악어도 중생대에 살았어요. 대개는 오늘날 사는 악어들과 크기가 비슷했어요. 하지만 고생물학자들이 미국 텍사스 주에서 발견한 악어 머리뼈의 화석은 길이가 1.8미터나 되었다지요! '데이노수쿠스' 라고 이

름 붙여진 이 악어는 요즘 우리가 볼 수 있는 보통 악
어보다 다섯 배는 컸던 것 같아요.

하지만 오늘날 살아 있는 생물 가운데 공룡하고 가
장 닮은 것은 도마뱀도 거북도 악어도 아니에요.

우리가 날마다 볼 수 있는 아주 작은 생물, 창밖이
나 야외에서 쉽게 볼 수 있는 생물……

바로 새들이에요!

포보수쿠스의 머리뼈 화석

이 악어도 장난 아니게 크다!
포보수쿠스는 '무시무시한
악어' 라는 뜻이야.

공룡의 이웃사촌들

▶ 도마뱀.

▶ 거북.

▶ 악어.

▶ 새.

지구에 새가 최초로 나타난 때는 중생대의 중간인 쥐라기였어요. 고생물학자들은 새들이 육식 공룡과 관련이 아주 많다고 보고 있어요. 심지어 어떤 학자는 반은 새이고 반은 공룡인 생물도 있었다고 주장할 정도랍니다.

1861년에 독일에서 한 일꾼이 까마귀 크기만 한 작은 뼈 화석을 발견했어요. 이 뼈는 육식 공룡의 것처럼 보였어요. 하지만 자세히 살펴보니 뼈 주변에 깃털 자국이 나 있었어요. 사람들은 깜짝 놀랐지요. 공룡이 날개를 가지고 있다니!

고생물학자들은 이 생물에게 '아르케옵테릭스'라는 이름을 붙여 주었어요. '고대의 날개'라는 뜻이에

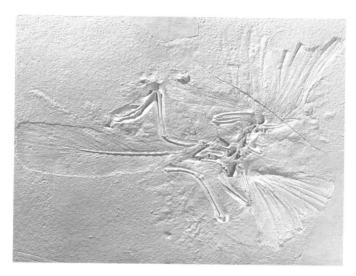

우와! **아르케옵테릭스**의
화석이네!
깃털 자국이 보이지?

요. 우리말로는 '시조새' 라고 부르죠. 오늘날 아르케옵테릭스의 화석은 세계에서 가장 희귀하고 값진 화석 중 하나로 여겨지고 있어요.

공룡은 다 사라져 버렸는데 새와 악어, 거북과 도마뱀은 어떻게 살아남았을까요?

그 답은 아무도 몰라요.

그것은 미래의 고생물학자들이 풀어야 할 또 하나

의 비밀이죠.

그 해답이 지금 저 밖에 있을지도 몰라요.

어딘가 흙 속에 파묻혀서

여러분이 파내 주기를

기다리고 있을지도 몰라요.

공룡에 대해 더 알고 싶다고요?

공룡 박사가 되고 싶어 하는 여러분에게 이 책은 단지 시작일 뿐이에요. 공룡에 대해서 더 많이 알고 싶다면 스스로 자료를 찾아보세요. 알고 보면 여기저기 정말로 다양한 자료들이 있답니다.

공룡에 대한 자료를 어떻게 찾아야 할까?

이쪽이야!

정확하고 친근한 자료
책

서점이나 도서관에 가면 책이 아주 많아요. 원하는 자료가 담긴 책을 찾아보세요.

책을 찾을 때는 이런 것들을 미리 알아 두세요!

1. 책에서 필요한 부분만 골라 읽어도 돼요.

차례나 찾아보기를 펼쳐서 여러분이 알고 싶은 것이나 궁금한 것이 나온 부분을 찾아 읽으세요.

2. 책의 제목을 적어 두세요.

책의 내용을 메모할 때는 어느 책에서 옮겨 적은 것인지 그 책의 제목, 출판사, 지은이를 함께 적어 두면 좋아요. 그럼 나중에 다시 찾아보기 편리하답니다.

3. 책에 쓰인 대로 똑같이 베끼지 마세요.

책에서 새로운 것을 알게 됐을 때는 책에 있는 내용을 그대로 베껴 쓰지 말고 자기가 생각한 내용을 적어 보세요. 그러면 기억도 잘 되고 글 솜씨도 좋아져요.

4. 언제 씌어진 책인지 살펴보세요.

공룡에 대해서 새로운 사실들이 계속해서 발견되고 있어요. 그러니 여러분이 고른 책이 너무 오래전에 나온 것은 아닌지 반드시 확인하세요. 책을 인쇄한 날짜를 확인하거나 도서관 사서나 선생님한테 부탁하면 언제 씌어진 책인지를 알 수 있을 거예요.

공룡에 대한 몇 가지 책을 소개할게요.(책제목, 글 쓴이, 출판사, 출판년도 순서로 소개할게요.)

공룡 백과사전 데이비드 램버트 외 글/ 비룡소, 2003년
어린이를 위한 공룡 대탐험 BBC 글/ 비룡소, 2002년
공룡 시대로 가다 조애너 콜 글/ 비룡소, 1999년
랠프, 공룡 탐정이 되다 주디스 바우어 스탬퍼 글/ 비룡소, 2004년
얘들아, 공룡 발굴하러 가자 임종덕 글/ 꿈동산, 2001년
공룡학자 이융남 박사의 공룡 대탐험 이융남 글/ 창비, 2000년
사라진 지구의 지배자 공룡 크리스토버 글/ 시공주니어, 2004년
공룡의 종류 폴 바렛 글/ 다림, 2003년
공룡의 세계 폴 바렛 글/ 다림, 2003년

다양한 자료 창고

박물관

　박물관은 자료를 찾기에 딱 좋은 곳이죠. 박물관에 가서 여러 가지 자료들을 직접 관찰해 보세요.

　박물관에 갈 때는 이런 것들을 알아 두세요!

　1. 수첩을 가지고 가세요.

　관심이 가는 것이 눈에 띄면 뭐든 적어 두세요. 그림도 옆에 그려 두면 더욱 좋겠죠!

　2. 궁금한 것이 있으면 질문하세요.

　궁금한 점이 생기면 주저하지 말고 물어보세요. 박물관에는 여러분이 찾고자 하는 것을 찾을 수 있게 도와줄 어른들이 늘 있으니까요.

　3. 박물관의 전시 일정표를 확인하고 가세요.

　어린이를 위해 특별 행사를 하는 박물관도 많아요!

　아래에 있는 박물관에 가면 공룡이나 화석에 대한 전시실을 구경할 수 있어요.

고성 공룡 박물관
경상남도 고성군 고성읍 성내리 198번지
055)673-4101~7 http://www.dinopark.net

국립중앙과학관
대전광역시 유성구 구성동 32-2
042)601-7910 http://www.science.go.kr

한국 지질 자원 박물관
대전광역시 유성구 가정동 30번지 한국지질자원연구원 내
042)868-3115 http://museum.kigam.re.kr

서대문 자연사 박물관
서울특별시 서대문구 연희3동 산5-58번지
02)3242-3030 http://namu.sdm.go.kr

당항포 자연사 박물관
경상남도 고성군 회화면 당항리 57
055)670-2801~2 http://dhp.gngs.net

생생한 화면 자료
비디오

영화같이 상상으로 꾸민 이야기는 자료로는 알맞지 않아요. 사실만을 다룬 것을 '논픽션'이라고 해요. 도서관이나 비디오 가게에 가서 여러분이 궁금해하는 주제에 관한 논픽션 비디오를 찾아보세요.

놀이로 배우는 지식
시디롬

시디롬은 재미난 게임과 함께 지식을 얻을 수 있어요. 심심할 때 시디롬을 갖고 노는 것도 좋을 거예요.

정보의 바다
인터넷

인터넷에서는 가장 최근에 나온 자료를 찾을 수 있어요. 인터넷에서 자료를 찾을 때는 어린이 전문 사이트나 학습 사이트를 참고하는 것도 좋아요.

공룡에 대한 웹사이트를 몇 군데 소개할게요.

다이노옵션 http://www.dinooption.com/
전남대학교 한국공룡연구센터 http://www.dinorc.co.kr/

자료를 찾아 떠나는 여행
현장 학습

우리나라에는 공룡 화석을 실제로 볼 수 있는 곳이 참 많아요. 운이 좋으면 고생물학자들이 화석을 발굴하고 있는 모습도 볼 수 있죠.

다음은 화석이 발견된 장소들 중에서도 가장 유명한 곳들이에요. 정확한 위치는 시청이나 군청에 문의하세요. 홈페이지에 들어가면 지도를 볼 수도 있어요.

경기도 화성시 송산면 고정리 시화호 간석지
화성시청 032)355-2114 http://www.hscity.net/

전라남도 보성군 득량면 비봉리 선소해안 일대
보성군청 061)852-2181 http://www.boseong.go.kr/

경상남도 고성군 하이면 덕명리 해안 일대
고성군청 055)673-4101~7 http://www.goseong.go.kr/

전라남도 여수시 화정면 사도, 추도, 낭도, 적금도 일대
여수시청 061)690-2114 http://www.yeosu.go.kr/

전라남도 화순군 북면 서유리 일대
화순군청 061)374-0001 http://www.hwasun.jeonnam.kr/

전라남도 해남군 황산면 우항리 산2동 183필지
해남군청 061)530-5114 http://www.haenam.jeonnam.kr/

그럼 좋은 자료 많이 찾으세요!

우리 함께 공룡 시대로 지식탐험을 떠나요

몇 년 동안 우리는 새로운 세계를 조사하고 탐험하며 즐거운 시간을 보냈어요. 「마법의 시간여행 지식탐험」 시리즈를 쓰면서 우리 둘은 함께 여행을 할 수 있어서 더욱 좋았답니다. 잭과 애니처럼 우리는 공룡을 조사하는 것이 아주 재미있었어요. 자료를 찾아다니면서 가장 신이 났던 때는 뉴욕에 있는 미국 자연사 박물관을 방문했을 때였어요. 티라노사우루스, 트리케라톱스, 프테라노돈의 화석 사이를 걸으면서 우리는 그 먼 옛날로 여행을 떠난 기분이었죠. 우리도 시간여행을 한 셈이죠?

뉴욕에서 메리 폽 어즈번과 월 어즈번

찾아보기

* 이 책은 공룡과 화석에 관한 책이기 때문에 공룡, 화석, 고생물학자 등 자주 등장하는 용어는 생략했습니다. 이 용어들에 대한 설명을 찾고 싶으시면 '차례'를 이용하세요.

책 속에 나온 사진은 다음과 같은 곳에서 제공했습니다.

지은이 | **메리 폽 어즈번**

메리 폽 어즈번은 미국에서 태어났다. 노스캐롤라이나 대학에서 연극을 공부했고, 그리스 신화와 종교에 매료되어 종교학을 공부하기도 했다. 졸업 후에 그리스의 크레타 섬에 있는 동굴에서 생활하기도 했고, 유럽 친구들과 함께 이라크, 이란, 인도, 네팔 등을 비롯한 아시아 16개국을 자동차로 여행하기도 했다. 여행 중에 아프가니스탄에서 지진을 겪기도 하고, 히말라야에서 독이 몸에 퍼져 목숨을 잃을 뻔하기도 했다. 고향으로 돌아온 후에는 윈도 디스플레이어, 병원 조무사, 식당 종업원, 바텐더, 어린이 책 잡지 편집자 등 다양한 직업을 가지며 생활했다.

17년 동안 50여 권 이상의 어린이 책을 썼으며 대표작인 「마법의 시간여행」 시리즈는 공룡, 중세 기사, 미라, 해적 등 다양하고 폭넓은 주제를 다룬 본격 어린이 교양서로 어린이들로부터 열렬한 사랑을 받고 있다.

지은이 | **윌 어즈번**

연극배우이자 감독, 극작가로 활동해 왔다. 워싱턴에서 연극을 공연하던 중 아내 메리 폽 어즈번을 만나 결혼했다. 아내와 함께 「마법의 시간여행 지식탐험」 시리즈를 썼다.

옮긴이 | **노은정**

연세대학교 영어영문학과를 졸업하고 어린이 책들을 번역하고 있다. 옮긴 작품으로는 「마법의 시간여행」 시리즈, 「마음과 생각이 크는 책」 시리즈, 「과학탐정 도일과 포시」 시리즈와 『안녕, 해리』, 『해리야, 잘 자』 등이 있다.

마법의 시간여행 지식탐험 1

사라진 공룡

메리 폽 어즈번, 윌 어즈번 지음 / 살 머도카 그림 / 노은정 옮김

1판 1쇄 펴냄─2004년 8월 20일
1판 8쇄 펴냄─2005년 11월 7일

펴낸이 박상희
펴낸곳 (주)비룡소
출판등록 1994. 3. 17.(제16-849호)
주소 135-887 서울시 강남구 신사동 506 강남출판문화센터 4층
전화 영업(통신판매) 515-2000(내선1) / 팩스 515-2007 / 편집 3443-4318~9
홈페이지 www.bir.co.kr

값 7,000원

ISBN 89-491-9024-9 73490
ISBN 89-491-9023-0 (세트)

마법의 시간여행

마법의 시간여행
지식탐험